CARREIRAS EXTRAORDINÁRIAS

O LIVRO de CARREIRAS para MENINAS EXTRAORDINÁRIAS

Ciranda Cultural

ESTE LIVRO PERTENCE A:

....

NOME: ....

APELIDO: ....

E-MAIL: ....

....

QUANDO EU CRESCER, quero ser PINTORA!

Um turbilhão de cores e muita imaginação são os ingredientes fundamentais para se tornar uma PINTORA!

Você sabia que existem muitos estilos e técnicas de pintura? Para ser uma profissional, é necessário conhecer várias delas. Você pode começar rabiscando em uma folha de papel com uma caneta ou lápis. Às vezes, as melhores ideias nascem das coisas simples!

"Quero ser a pintora do meu país."
Tarsila do Amaral

AS REGRAS DE OURO PARA SER UMA BOA PINTORA:

1. DEIXE-SE GUIAR PELA CRIATIVIDADE;
2. PARTICIPE DE AULAS DE PINTURA;
3. PRATIQUE MUITO.

 Pintora

KIT DA PINTORA

 Será que você tem tudo de que precisa para ser uma ÓTIMA PINTORA?

Dê uma olhada na LISTA.

Você acha que está faltando alguma coisa?

- ☐ Tela
- ☐ Pincéis
- ☐ Cavalete
- ☐ Estojo de tintas
- ☐ Copo com água
- ☐ Paleta
- ☐ Tinta guache

TINTA GUACHE

COPO COM ÁGUA

TELA

ESTOJO DE TINTAS

PINCÉIS

PALETA

CAVALETE

8

Pintora

RETRATO DE:
....

Peça para alguém posar para você. Pinte o retrato dele(a) e cole aqui!

CRIADO EM:
....
....

Pintora

Faça uma linda pintura com suas cores favoritas e cole na moldura acima!

Pintora

♥ FAÇA SUA PRÓPRIA MOLDURA

Faça uma moldura legal para suas obras-primas!

DO QUE VOCÊ PRECISA?

- Cartolina grossa
- Páginas de gibis
- Cola branca
- Tesoura ou estilete

INSTRUÇÕES:

Recorte dois retângulos idênticos na cartolina. No interior de um deles, recorte um retângulo menor para criar a moldura. Recorte as páginas dos gibis em tiras. Depois, passe a cola na superfície da moldura e cole as tiras. Deixe secar. Cole o desenho na parte de trás da moldura e depois cole o segundo retângulo na parte de trás do desenho.

QUANDO EU CRESCER, quero ser ESCRITORA!

Seu maior sonho é dar vida a histórias maravilhosas com personagens divertidos? Então esta é a profissão certa para você!

O mundo literário é muito emocionante! Para se tornar uma escritora, você precisará de muita criatividade.

Olhe pela janela e observe o que está ao seu redor. Certamente, algo vai despertar sua curiosidade! E não se esqueça de guardar suas anotações e histórias em uma pasta, mesmo aquelas que você ainda não terminou. Quem sabe um dia elas sejam úteis.

"O instante é semente viva."
Clarice Lispector

AS REGRAS DE OURO PARA SER UMA BOA ESCRITORA:

1. NÃO TENHA MEDO DE SER ORIGINAL;
2. ESCOLHA UM LUGAR ONDE VOCÊ PODE SE CONCENTRAR;
3. MANTENHA SUAS ANOTAÇÕES ORGANIZADAS.

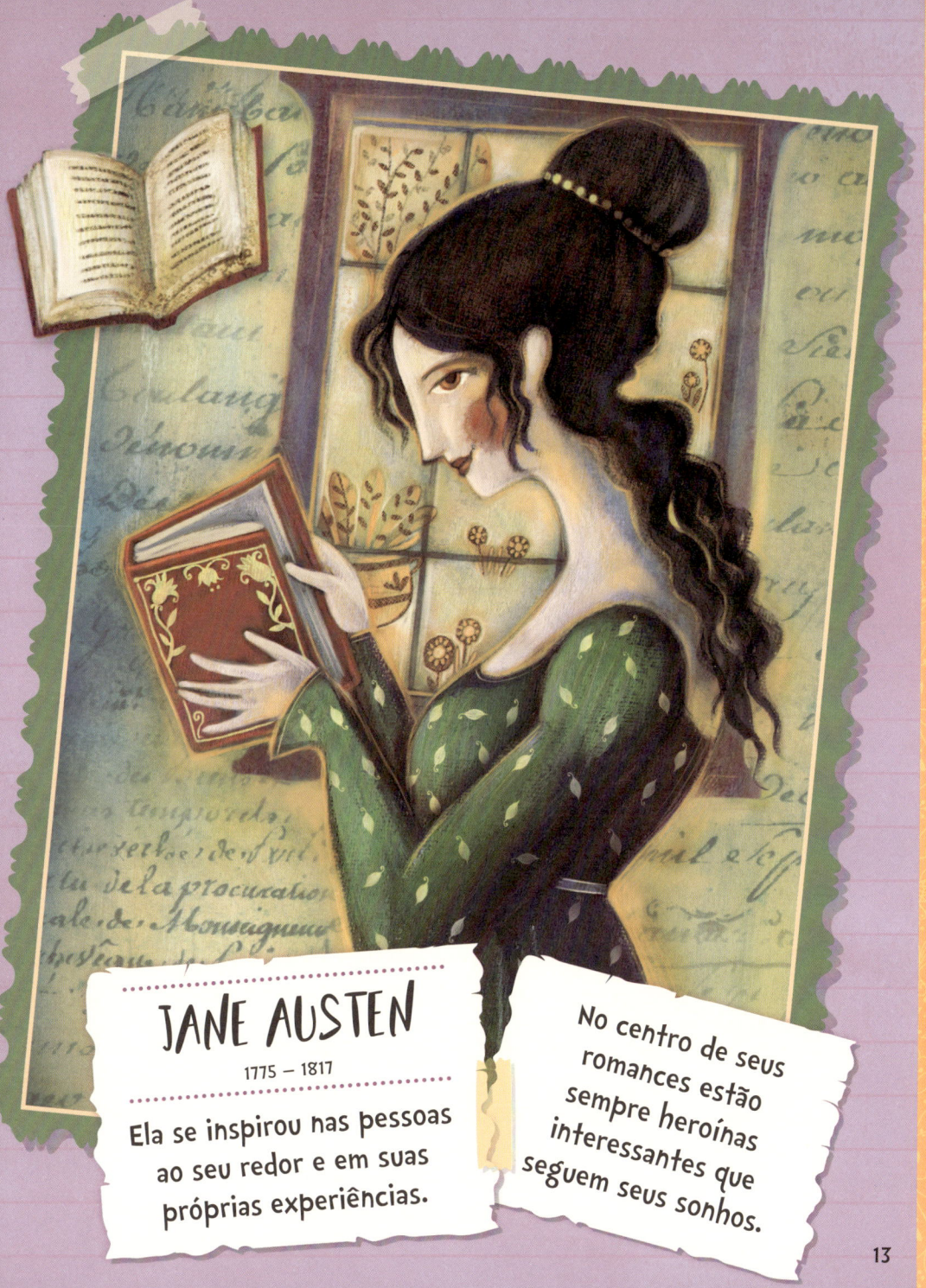

JANE AUSTEN
1775 – 1817

Ela se inspirou nas pessoas ao seu redor e em suas próprias experiências.

No centro de seus romances estão sempre heroínas interessantes que seguem seus sonhos.

ANAGRAMAS

Encontre as respostas corretas reorganizando as letras.

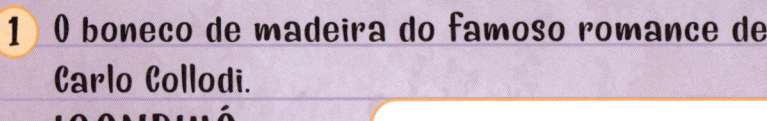

1. O boneco de madeira do famoso romance de Carlo Collodi.
   IQONPIUÓ

2. O nome da menina que vai para o País das Maravilhas.
   ECAIL

3. O Pequeno..., de Antoine de Saint-Exupéry
   PNEPICÍR

4. Harry... o famoso bruxo de Hogwarts.
   TOPRET

RESPOSTAS:
1) Pinóquio; 2) Alice; 3) Príncipe; 4) Potter.

Escritora

❤ DECORE SEU CADERNO

Deixe seu caderno especial! Escreva o seu nome na capa fazendo uma colagem com cartolina e um pouco de *glitter* para deixá-lo ainda mais original!

KIT DA ESCRITORA:
- Folhas de papel
- Canetas
- Computador
- Pasta para anotações
- Muita imaginação

Dê uma olhada na LISTA.

Você acha que está faltando alguma coisa?

Escritora

QUE TIPO DE HEROÍNA VOCÊ É?

Divirta-se respondendo às perguntas e descubra o resultado que mais combina com a sua personalidade!

1 Você foi convidada para uma festa. O que vai vestir?
A) Jeans e camiseta.
B) Um belo vestido florido.
C) Decido no último minuto.

2 Qual é o seu animal favorito?
A) Cachorro.
B) Gato.
C) Cavalo.

3 Você está com suas amigas no cinema. Qual filme você escolhe?
A) Uma história de terror.
B) Uma comédia romântica.
C) Um musical.

Escritora

4 No seu aniversário, o que gostaria de ganhar?
   A) Um jogo de tabuleiro.
   B) Uma bolsa nova.
   C) Patins.

5 O que você faz quando alguém lhe dá bronca?
   A) Tento entender meu erro.
   B) Começo a chorar.
   C) Digo a mim mesma que farei melhor da próxima vez.

MAIORIA DAS RESPOSTAS "A": CURIOSA

Você é extremamente curiosa e nada escapa ao seu olhar atento. É uma verdadeira detetive, sempre pronta para fazer o que é necessário.

MAIORIA DAS RESPOSTAS "B": ROMÂNTICA

Você gosta de sonhar acordada e tem uma alma doce e romântica. Adora cuidar dos outros e todos sabem que podem contar com você.

MAIORIA DAS RESPOSTAS "C": AVENTUREIRA

Você é cheia de energia e tem uma personalidade alegre, sempre pronta para um desafio. Para você, cada experiência nova é uma aventura emocionante!

QUANDO EU CRESCER, quero ser CANTORA!

Você tem uma voz bonita e canta na frente do espelho com uma escova de cabelos? Então você é uma verdadeira *POP STAR*!

Se você gosta de cantar e não vive sem música, esta é uma carreira para você. Mergulhe nas notas e pratique o máximo que puder! Não se esqueça: quando você canta, tem que deixar suas emoções correrem soltas. Você está pronta para se apresentar em palcos ao redor do mundo?

"Nunca se esqueça de como sonhar."
Madonna

AS REGRAS DE OURO PARA SER UM BOA CANTORA:

1. TOME BEBIDAS QUENTES PARA "AQUECER" SUAS CORDAS VOCAIS;
2. PROTEJA SUA GARGANTA DO TEMPO FRIO;
3. PRATIQUE E ESTUDE BASTANTE.

LADY GAGA

1986

Ela é uma cantora e compositora *pop* estadunidense com um estilo excêntrico. Antes de ser famosa, teve aulas de atuação e aprendeu a tocar piano. Lançou muitas músicas de sucesso e ganhou vários prêmios.

~ Cantora ~

♥ MINHA BANDA

Comece uma banda com seus amigos. Experimente instrumentos diferentes e cante com emoção. Tire uma foto quando vocês se apresentarem.

Cole a foto da sua banda aqui!

Qual é o nome da sua banda?

Cantora

RECORTE E COLE

Recorte fotos de seus músicos e bandas favoritos e faça uma colagem legal!

Cantora

♥ O EXERCÍCIO DO "Z"

Está tudo pronto e você está prestes a subir ao palco. Pratique este exercício para aquecer as cordas vocais.

① Imite o zumbido de um mosquito, focando na letra "z".

② Repita o exercício com notas cada vez mais altas, mas não force a voz!

③ Tente segurar a mesma nota.

④ Pare o exercício quando as notas ficarem altas demais para você.

♥ SUA MÚSICA

As letras das músicas geralmente são escritas pelos(as) cantores(as). Por que você não tenta? Você pode começar com um belo refrão!

Cantora

PINTE SEU CABELO!

Você quer um penteado bem glamoroso? Você pode pintar o cabelo sem tintura da maneira que quiser. Depois de lavar o cabelo uma vez, ele voltará ao normal.

DO QUE VOCÊ PRECISA?

- Sombras de olhos coloridas e opacas (de preferência, sem *glitter*)
- Laquê

INSTRUÇÕES:

1. Escolha a mecha de cabelo que deseja colorir e comece passando a sombra nas pontas.
2. Depois, pinte toda a mecha.
3. Massageie bem o cabelo para definir a cor.
4. Use o laquê e repita o passo 1.

QUANDO EU CRESCER, quero ser ATRIZ!

Você se sente à vontade no palco? Então você nasceu para ser ATRIZ!

Atuar é uma experiência emocionante, que a levará a descobrir mundos diferentes daquele em que você vive. Você tem um pouco de medo do público? Não se preocupe! Estar no palco vai ajudar você a superar a timidez e enfrentar desafios.

Venha, os holofotes esperam por você!

"As garotas nunca deveriam ter medo de ser inteligentes."
Emma Watson

AS REGRAS DE OURO PARA SER UMA BOA ATRIZ:

1. CUIDADO COM A SUA POSTURA CORPORAL;
2. TREINE SUA DICÇÃO;
3. TENTE ENTENDER AS EMOÇÕES DAS PESSOAS.

AUDREY HEPBURN

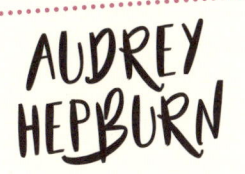

1929 – 1993

Ela cresceu na pobreza, mas superou as dificuldades com sacrifício e dedicação. Teve um sucesso retumbante, mas não deixou que ele lhe subisse à cabeça e permaneceu fiel a si mesma. Até hoje ela é um símbolo de boa atuação, elegância e sofisticação.

Atriz

INGRESSOS DE CINEMA

Cole os ingressos dos últimos filmes que você viu!

Filme com o melhor enredo.

Eu e

Filme com a melhor atuação.

Eu e

Filme com a melhor trilha sonora.

Eu e

Atriz

♥ TRAVA-LÍNGUAS

Teste suas habilidades de atuação com estes trava-línguas engraçados, que ajudam a melhorar sua dicção!

O rato roeu a roupa do rei de Roma.

Três pratos de trigo para três tigres tristes.

Pinga a pia, apara o prato; pia o pinto e mia o gato.

O tempo perguntou ao tempo quanto tempo o tempo tem; o tempo respondeu ao tempo que o tempo tem o tempo que o tempo tem.

Atriz

♥ A PEÇA

Convide seus amigos para irem até sua casa. Peça permissão à sua mãe e dê uma olhada no armário dela. Escolha chapéus, vestidos e muitos acessórios. Agora você está pronta para fazer uma peça que deixará todos sem palavras!

Dê uma olhada na LISTA. Você acha que está faltando alguma coisa?

- ☐ Figurino
- ☐ Maquiagem
- ☐ Luzes para o palco
- ☐ Roteiro
- ☐ Acessórios
- ☐ Espelho

Atriz

♥ O CARTAZ

Você sabia que alguns atores e atrizes usam a voz para dublar personagens de filmes de animação? Imprima e cole o pôster do seu filme de animação favorito aqui!

EM CARTAZ...

QUANDO EU CRESCER, quero ser ESTILISTA!

Vestidos, saias, calças, chapéus, luvas, sapatos, biquínis... A moda muda constantemente! Você vai ver que nunca ficará entediada.

Uma boa estilista estuda bastante e sempre presta atenção no que as pessoas estão vestindo. Sim, é uma profissão muito emocionante: você pode soltar a criatividade e seguir seus gostos. E por que não?
Você pode começar criando vários vestidos para suas bonecas...

"Para ser insubstituível, é preciso sempre ser diferente."
Coco Chanel

AS REGRAS DE OURO PARA SER UMA BOA ESTILISTA:

1. FIQUE POR DENTRO DO QUE ESTÁ NA MODA;
2. USE SUA IMAGINAÇÃO PARA CRIAR LOOKS;
3. SEMPRE TENTE ENCONTRAR UM ESTILO PESSOAL.

COCO CHANEL
1883 – 1971

Ela é uma das estilistas mais famosas de todos os tempos. Mas teve uma infância difícil. Quando era pequena, foi deixada num orfanato, onde o preto e o branco das roupas das freiras se tornaram as suas cores preferidas. Este estilo simples e elegante pode ser encontrado em todas as suas criações.

Estilista

♥ MEUS TECIDOS

Cole aqui pedaços dos seus tecidos favoritos: seda, veludo, jeans, etc.

~ Estilista ~

💗 DESENHE SEU VESTIDO

Crie seu vestido perfeito neste manequim!

Para montar o *look*, você pode fazer uma colagem com diferentes pedaços de tecido.

Estilista

FAÇA SEUS PRÓPRIOS BRINCOS

Os acessórios são fundamentais para estar na moda! Crie um par de brincos inusitados com miçangas, seguindo o modelo de sua preferência.

DO QUE VOCÊ PRECISA?

- Miçangas de plástico fusíveis
- Painel com furos de plástico para colocar as miçangas
- Modelo para seguir
- Papel-manteiga
- Ferro de passar a vapor
- Fechos para brincos

INSTRUÇÕES:

Crie o seu próprio desenho com as miçangas fusíveis, utilizando as cores que quiser ou seguindo um dos modelos.

Quando terminar, cubra sua criação com papel-manteiga e, com a ajuda de um adulto, passe o ferro a vapor na superfície das contas.

Coloque os fechos e... PRONTO!

Estilista

AQUI ESTÃO ALGUNS MODELOS PARA VOCÊ SEGUIR!

VOCÊ PODE USAR UMA PINÇA PARA PEGAR E COLOCAR AS MIÇANGAS. SERÁ MUITO MAIS FÁCIL!

QUANDO EU CRESCER, quero ser EXPLORADORA!

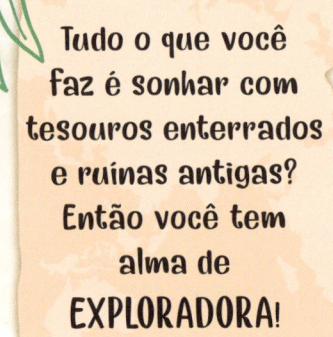

Tudo o que você faz é sonhar com tesouros enterrados e ruínas antigas? Então você tem alma de EXPLORADORA!

A curiosidade por terras distantes é o que leva as pessoas a viajar pelo mundo e nunca desistir diante das dificuldades. As explorações estão cheias de imprevistos e aventuras: você tem de estar pronta para tudo!

"Há mais na vida do que ser um passageiro."
Amelia Earhart

AS REGRAS DE OURO PARA SER UM BOA EXPLORADORA:

1. OBSERVE TUDO AO SEU REDOR;
2. ENFRENTE CADA DESAFIO COM MUITA CORAGEM;
3. PLANEJE TODAS AS SUAS VIAGENS COM CUIDADO.

FREYA STARK

1893 – 1993

Ela visitou muitos países e viveu inúmeras aventuras. Com pouco mais de dois anos, ela já falava três línguas! Também foi cartógrafa e arqueóloga e escreveu muitos livros sobre suas ousadas experiências de viagem.

SEU PASSAPORTE

Preencha seu passaporte e não se esqueça de colar sua foto!

Cole a sua foto aqui!

PASSAPORTE DE:
....

NOME: ....
SOBRENOME: ....

DATA DE NASCIMENTO:
....
LOCAL DE NASCIMENTO:
....
....

ALTURA: ....
IDADE: ....
COR DO CABELO: ....
COR DOS OLHOS: ....

PROFISSÃO: ....
....
SIGNO: ....

Exploradora

Exploradora

💚 KIT DA EXPLORADORA

Tem certeza de que não falta nada para ser uma **ÓTIMA EXPLORADORA?**

- ☐ Binóculo
- ☐ Mochila
- ☐ Apito
- ☐ Lanterna
- ☐ Bússola
- ☐ Lupa

Dê uma olhada na LISTA. Você acha que está faltando alguma coisa?

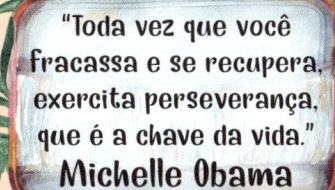

"Toda vez que você fracassa e se recupera, exercita perseverança, que é a chave da vida."
Michelle Obama

Exploradora

Mapa do Mundo

Marque no mapa os lugares que você visitou e os países que gostaria de explorar.

Minha última viagem foi para ....
....
....
com ....
....
....
....
....

América do Norte

América do Sul

Cole uma foto da sua última viagem aqui.

Minha próxima viagem será para ....
....
com ....
....

40

Exploradora

....
....
....
....
....

Escreva o nome de 10 lugares que você sonha em conhecer!

....
....
....
....
....

Europa

Ásia

África

Oceania

Cole aqui a foto de um lugar que você gostaria de visitar!

QUANDO EU CRESCER, quero ser CIENTISTA!

Se você é fascinada pela forma como o mundo funciona e está sempre em busca de respostas que satisfaçam sua curiosidade, então talvez esta seja a profissão certa para você.

As cientistas são muito boas em matemática, química e física, realizam experimentos e não têm medo de cometer erros. Você pode descobrir mais sobre este mundo intrigante visitando museus de ciência e até laboratórios de verdade!

"Um cientista no seu laboratório não é um mero técnico: é também uma criança que confronta fenômenos naturais que a impressionam como se fossem contos de fadas."
Marie Curie

AS REGRAS DE OURO PARA SER UMA BOA CIENTISTA:

1. SEMPRE USE ÓCULOS DE SEGURANÇA;
2. SEJA CUIDADOSA E METICULOSA;
3. PERGUNTE-SE POR QUE AS COISAS SÃO COMO SÃO.

MARIE CURIE
1867 – 1934

Ela ganhou dois prêmios Nobel: um de química e outro de física! Marie foi a primeira mulher a ganhar este prêmio e também a primeira mulher a se tornar professora na Universidade Sorbonne, em Paris.

◞◟ Cientista ◞◟

♥ EXPERIMENTO: LEITE MÁGICO

Siga as instruções e prepare-se para ver um pouco de magia!

DO QUE VOCÊ PRECISA?
- Leite
- Prato
- Haste flexível
- Corante alimentício
- Detergente

① Despeje o leite em um prato.

② Coloque algumas gotas de corante alimentício no centro do prato, de maneira aleatória.

③ Pingue uma gota de detergente na ponta de uma haste flexível.

④ Toque na superfície do leite com a ponta molhada e observe!

⑤ Experimente tocar em vários pontos do leite.

O QUE ACONTECE?

44

Cientista

KIT DA CIENTISTA

Tem certeza de que não falta nada para ser uma **ÓTIMA CIENTISTA?**

- [ ] Jaleco branco
- [ ] Óculos de segurança
- [ ] Frascos de vidro
- [ ] Lâminas para microscópio
- [ ] Pinças
- [ ] Conta-gotas
- [ ] Caderno
- [ ] Microscópio

Dê uma olhada na LISTA. Você acha que está faltando alguma coisa?

TINTA INVISÍVEL

Todas as cientistas têm de proteger as suas descobertas de olhares indiscretos. Use a tinta invisível para guardar os seus segredos!

1 Pegue um limão grande e esprema-o em uma tigela.

2 Pegue um palito e mergulhe-o no limão. Então, comece a escrever. As palavras não serão visíveis a olho nu!

3 Para ler o que você escreveu, basta colocar a folha de papel próxima a uma fonte de calor (como uma vela ou lâmpada), mas tome cuidado para não colocar fogo no papel! Peça a um adulto para ajudá-la nesta etapa.

Cientista

SLIME!

Você está pronta para fazer um *slime* pegajoso e colorido? Então siga as instruções!

1. Despeje 140 g de amido de milho em uma tigela e faça um buraco no centro.

2. Coloque o corante alimentício em outra tigela com 250 ml de água morna e *glitter* e misture tudo!

3. Despeje a água na tigela com o amido de milho e misture com as mãos ou com a ajuda de uma colher. A massa tem que ficar lisa e uniforme!

4. Quando a massa estiver bem misturada, deixe descansar alguns minutos no congelador e então... seu *slime* está pronto!

QUANDO EU CRESCER, quero ser VETERINÁRIA!

Você adora cuidar de animais e passar tempo com eles? Não há dúvidas: você nasceu para ser VETERINÁRIA!

Você gostaria de proteger e cuidar de animais, mas não sabe por onde começar? Seja voluntária em abrigos para cães e gatos ou auxilie as veterinárias em seu trabalho. E esteja sempre atenta às necessidades dos seus amigos de quatro patas!

"Todo animal tem o direito à atenção, aos cuidados e à proteção do homem."
Declaração Universal dos Direitos dos Animais

AS REGRAS DE OURO PARA SER UMA BOA VETERINÁRIA:

1. RESPEITE TODOS OS ANIMAIS;
2. ENCONTRE NOVAS MANEIRAS DE AJUDÁ-LOS;
3. SEJA CUIDADOSA E PACIENTE.

ANNIE HARVILICZ

1977

Ela é veterinária e ativista pelos direitos dos animais. Mora nos Estados Unidos e é uma mulher criativa e enérgica. Annie trabalhou durante muitos anos na África do Sul com animais selvagens e fundou um hospital veterinário na Califórnia, onde cuida de animais necessitados.

Veterinária

♥ FICHA DO ANIMAL DE ESTIMAÇÃO

Preencha a ficha do seu animal ou reúna informações sobre o animal de estimação de um(a) amigo(a)!

Cole uma foto aqui!

FICHA DE:
....
....

TUTOR(A):
....

Sobrenome: ....

DATA DE NASCIMENTO:
....

LOCAL DE NASCIMENTO:
....

ESPÉCIE: ....
PESO: ....
COR DOS OLHOS: ....

COMIDA FAVORITA: ....
QUANTAS VEZES POR DIA ELE(A) COME: ....
ONDE ELE(A) DORME: ....
BRINQUEDO FAVORITO: ....

Veterinária

ENFEITE SEU JALECO

Você está pronta para **ENFEITAR** o seu jaleco de veterinária?

Veterinária

OS ANIMAIS DE ESTIMAÇÃO E EU

Cole aqui fotos com seus animais de estimação ou com bichinhos dos seus amigos!

EU E ....

52

Veterinária

DESENHE SEU ANIMAL DE ESTIMAÇÃO

Faça um desenho do seu animal de estimação ou daquele que você adoraria ter!

O que você gostaria de dizer para ele(a)?

....
....

QUANDO EU CRESCER, quero ser DANÇARINA!

Pirueta e plié, passos de flamenco, movimentos acrobáticos de hip-hop... que mundo maravilhoso!

Não importa o tipo de dança que você prefere, ser dançarina exige perseverança e muito treino. O mais importante, porém, é transmitir toda a paixão que você tem dentro de si. Deixe a música fluir em suas veias e dê vida ao seu amor pela dança!

"O talento nos é dado, mas é o trabalho que o transforma em genialidade."
Anna Pavlova

AS REGRAS DE OURO PARA SER UMA BOA DANÇARINA:

1. ESTUDE SOBRE DANÇA E PRATIQUE;
2. FAÇA EXERCÍCIOS REGULARMENTE;
3. DIVIRTA-SE ENQUANTO DANÇA.

ANNA PAVLOVA

1881 – 1931

Aos oito anos, teve a oportunidade de assistir a uma apresentação de balé no teatro e, a partir desse momento, desenvolveu uma paixão ardente pela dança. Ela treinou muito para entrar na Escola Imperial de Balé. Um papel foi criado especificamente para ela, e foi assim que nasceu *A Morte do Cisne*.

Dançarina

APRESENTAÇÕES DE DANÇA

Cole aqui uma foto de suas apresentações.

1ª APRESENTAÇÃO
DATA: ....

Dançarina

PINTE SUAS SAPATILHAS DE BALÉ

Pinte o desenho e adicione miçangas e *glitter*!

57

Dançarina

QUE TIPO DE DANÇARINA VOCÊ É?

Você pode amar um tipo de dança mais do que outros. Descubra qual dança combina melhor com você.

1 Quando você acorda de manhã...

A) Toma café da manhã e se arruma tranquilamente.
B) Está sempre com pressa.
C) Faz a lição de casa antes de ir para a escola e se arruma com muita calma.

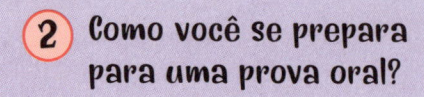

2 Como você se prepara para uma prova oral?

A) Repete a lição muitas vezes.
B) Estuda o assunto, mas pode até improvisar se for preciso!
C) Estuda e se aprofunda muito no assunto.

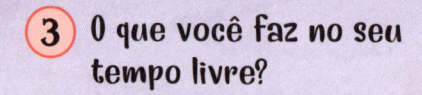

3 O que você faz no seu tempo livre?

A) Vai ao parque.
B) Anda de bicicleta ou patina.
C) Desenha.

MAIORIA DAS RESPOSTAS "A": BALÉ

Você tem a elegância, a graciosidade e a agilidade de uma bailarina. Você é sensível e trabalha muito: essas são as qualidades fundamentais para se tornar uma verdadeira estrela.

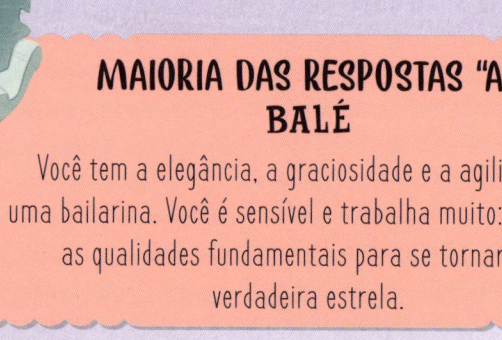

~ Dançarina ~

4 Que tipo de animal você gostaria de ser?

A) Um cisne.
B) Um macaco.
C) Um golfinho.

5 Se você tivesse que se descrever, diria que é...

A) Sonhadora.
B) Alegre.
C) Criativa.

MAIORIA DAS RESPOSTAS "B": HIP-HOP

Você é forte, enérgica, perseverante e se compromete com as coisas.
A dança certa para você é o hip-hop, que demanda muita prática, mas também lhe dá liberdade para improvisar.

MAIORIA DAS RESPOSTAS "C": DANÇA-TEATRO

Você é quieta e atenciosa, e sua criatividade sem limites pode ajudá-la a ingressar em uma companhia de dança-teatro, onde os dançarinos brincam com o corpo e misturam os elementos da dança com os da mímica, obtendo resultados surpreendentes!

QUANDO EU CRESCER, quero ser PROFESSORA!

Você gosta de ajudar os outros a darem o seu melhor? Talvez o seu futuro seja se tornar uma PROFESSORA.

Se você deseja viver em um mundo melhor, ser professora lhe dará a oportunidade de realizar seu sonho. Uma boa professora conquista a confiança dos alunos, ensina-os a ir além das aparências e deixa uma marca duradoura na vida de cada criança.

"Na escada da vida os degraus são feitos de livros."
Dorina Nowill

AS REGRAS DE OURO PARA SER UMA BOA PROFESSORA:

1. ENSINE DE FORMA DIVERTIDA;
2. OUÇA SEUS ALUNOS COM PACIÊNCIA;
3. ESTUDE BASTANTE.

MARIA MONTESSORI

1870 – 1952

Ela foi a terceira mulher italiana na história a se formar em neuropsiquiatria. Maria ficou famosa porque criou um novo método de ensino que colocava os professores em segundo plano e deixava as crianças livres para escolher suas atividades.

Professora

CARTÕES DE VOCABULÁRIO

Faça seu próprio cartão de vocabulário e pratique ser professora. Você pode brincar com seus amigos, irmãos, etc.

1. Pegue um pouco de cartolina e corte retângulos do tamanho de cartas de baralho.

2. Em metade dos cartões, desenhe animais diferentes. Na outra metade, escreva os nomes deles.

3. Entregue os cartões para seus "alunos". Eles devem combinar o cartão do animal ao cartão do nome.

P
PINGUIM

G
GATO

Os cartões de vocabulário são úteis para crianças que ainda estão aprendendo a ler e escrever.

Professora

KIT DA PROFESSORA

Tem certeza de que não falta nada para ser uma ÓTIMA PROFESSORA?

- ☐ Caderneta de aluno
- ☐ Canetas
- ☐ Lousa
- ☐ Giz
- ☐ Régua
- ☐ Mapas
- ☐ Cartões com as letras do alfabeto

Dê uma olhada na LISTA. Você acha que está faltando alguma coisa?

Professora

♥ MEUS HORÁRIOS DE AULAS

Imagine que você é professora no ensino fundamental I. O que você ensinaria? Dançar e correr por aí? Ou matemática e história? **VOCÊ DECIDE!**

	SEGUNDA	TERÇA	QUARTA	QUINTA	SEXTA	FIM DE SEMANA
07:00						
08:00						
09:00						
10:15						
11:15						
12:15						

Professora

❤ VAMOS FAZER UMA EXCURSÃO!

Que excursão você planejaria para seus alunos? Você os levaria para a praia? Ou para o campo? Ou talvez a um museu? Descreva sua excursão ideal!

QUANDO EU CRESCER, quero ser ATLETA!

Se o esporte é a sua paixão e você sonha em ser uma grande campeã, você tem alma de ATLETA!

Você não consegue ficar parada e está sempre enérgica e ativa, não é? Seja qual for o esporte que você escolher, saiba que a atividade física exige grandes esforços. Mas você também receberá muito em troca: satisfação, saúde, adrenalina e muita diversão!

"Você vai ficar de pé ou fraquejar? Para enfrentar tudo na vida, permanecemos de pé."
Gabby Douglas

AS REGRAS DE OURO PARA SER UMA BOA ATLETA:

1) PRATIQUE UM ESPORTE REGULARMENTE;
2) SEJA DETERMINADA E AMBICIOSA;
3) OUÇA SEUS TREINADORES.

WILMA RUDOLPH
1940 – 1994

Quando criança, esta atleta estadunidense contraiu poliomielite, mas se recuperou. Quando cresceu, e depois de muito trabalho e muitas sessões de fisioterapia, voltou a andar e iniciou a carreira de atleta. Ela era tão talentosa que ganhou três medalhas de ouro nas Olimpíadas de Roma, em 1960.

Atleta

♥ MINHAS FOTOS

Cole uma foto sua praticando um esporte de que você goste!

68

Atleta

♥ MEUS PRÊMIOS

Preencha e pinte seu troféu e sua medalha!

Atleta

♥ QUE TIPO DE ESPORTE VOCÊ É?

Qual esporte combina mais com você: natação, vôlei ou maratona?

1 O que você gosta de fazer nas férias?
A) Ir para a praia.
B) Fazer um piquenique no parque.
C) Ler.

2 No café da manhã, você costuma comer...
A) Torradas e manteiga.
B) Algo doce.
C) Leite e pão.

3 Quando você tem um problema, com quem fala?
A) Tento resolver sozinha.
B) Meus amigos.
C) Meus pais.

4 Qual das seguintes matérias você prefere?
A) Geografia.
B) História.
C) Língua Estrangeira.

Atleta

5. Para você, uma melhor amiga tem que ser...
A) Uma pessoa com quem se divertir.
B) Uma pessoa com quem você sempre pode contar.
C) Uma pessoa que compartilha seus interesses.

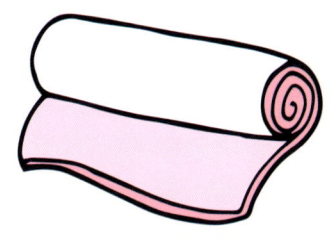

MAIORIA DAS RESPOSTAS "A":
NATAÇÃO
Você é determinada e, quando quer alguma coisa, nada lhe desvia do seu objetivo. Está sempre focada e cheia de recursos.

MAIORIA DAS RESPOSTAS "B":
VÔLEI
Para você, não há nada melhor do que se divertir com suas amigas. Você é enérgica e coloca a honestidade em primeiro lugar.

MAIORIA DAS RESPOSTAS "C":
MARATONA
Você é calma, mas ao mesmo tempo decidida e apaixonada pelas coisas de que gosta. Nada pode ficar no seu caminho!

QUANDO EU CRESCER, quero ser CHEF DE COZINHA!

Farinha, ovos, manteiga, óleo, sal... e a lista continua! Mas não se esqueça do ingrediente mais importante: a criatividade!

Seguir a carreira de chef não é nada fácil. Mas se você adora cozinhar, passa horas preparando delícias saborosas com seus pais ou avós e nada te emociona mais do que um prato bem-feito, não desista!

"Quero me cercar de mulheres, quero trabalhar mais com mulheres... Eu aprendo muito com mulheres, me sinto acolhida."
Paola Carosella

AS REGRAS DE OURO PARA SER UMA BOA CHEF:

1. NUNCA PARE DE CRIAR NOVAS RECEITAS;
2. ESCOLHA SEMPRE INGREDIENTES DE ALTA QUALIDADE;
3. ESTUDE SOBRE ALIMENTOS E TÉCNICAS.

KYLIE KWONG

1969

Ela é uma famosa chef australiana. Preocupa-se profundamente em cozinhar com alimentos orgânicos, respeitando o meio ambiente. Kylie apareceu em vários programas de televisão e sempre inclui ingredientes asiáticos em seus cardápios.

MINHA RECEITA

Crie uma receita de bolo e depois asse com a ajuda de um adulto. Vai ficar uma delicia!

Chef

NOME DA CHEF
....

INGREDIENTES:

....
....
....
....
....
....
....
....
....
....
....
....

NÍVEL DE DIFICULDADE:

Nº DE PESSOAS:

TEMPO DE PREPARO:

INSTRUÇÕES:

....
....
....
....
....
....
....
....
....
....
....
....

QUEM PROVOU A SUA RECEITA?

....
....

Chef

♥ MEU BOLO

Parabéns! Agora tire uma foto do bolo que você fez!

NOME DO SEU BOLO:
....
....

QUE TIPO DE BOLO VOCÊ É?

Todos os bolos são deliciosos... mas qual combina mais com você?

1) Você gostaria de se vestir como...
A) Uma princesa.
B) Um pirata.
C) Um unicórnio.

2) Qual é o seu prato favorito?
A) Lasanha.
B) Carne e batatas fritas.
C) Macarrão com atum.

3) Seu melhor amigo está chorando. O que você faz?
A) Dou um abraço.
B) Digo a ele que vai ficar tudo bem.
C) Conto uma piada.

4) Que tipo de superpoder você gostaria de ter?
A) Invisibilidade.
B) Superforça.
C) Teletransporte.

5) Qual papel você gostaria de ter em um espetáculo?
A) Protagonista.
B) Personagem secundário.
C) Quero ajudar nos bastidores.

MAIORIA DAS RESPOSTAS "A":

BOLO DE CHOCOLATE!

Você tem gostos simples e tradicionais. É boa, atenciosa e coloca os outros em primeiro lugar. Lembre-se de ser um pouco mais ousada às vezes!

MAIORIA DAS RESPOSTAS "B":

BOLO DE MORANGO

Você é imprevisível e tem hobbies diferentes! Está sempre disposta a experimentar coisas novas, mas não se esqueça de tirar um tempo para relaxar.

MAIORIA DAS RESPOSTAS "C":

BOLO ARCO-ÍRIS!

Você tem uma personalidade viva e criativa. Sempre está com um sorriso no rosto, e alegria é a sua arma secreta!

Chef

MEU SUPERCHAPÉU

Decore o seu chapéu de chef!

ÍNDICE

6   Quando eu crescer, quero ser PINTORA!

12   Quando eu crescer, quero ser ESCRITORA!

18   Quando eu crescer, quero ser CANTORA!

24   Quando eu crescer, quero ser ATRIZ!

30   Quando eu crescer, quero ser ESTILISTA!

36   Quando eu crescer, quero ser EXPLORADORA!

42   Quando eu crescer, quero ser CIENTISTA!

48   Quando eu crescer, quero ser VETERINÁRIA!

54   Quando eu crescer, quero ser DANÇARINA!

60   Quando eu crescer, quero ser PROFESSORA!

66   Quando eu crescer, quero ser ATLETA!

72   Quando eu crescer, quero ser CHEF DE COZINHA!

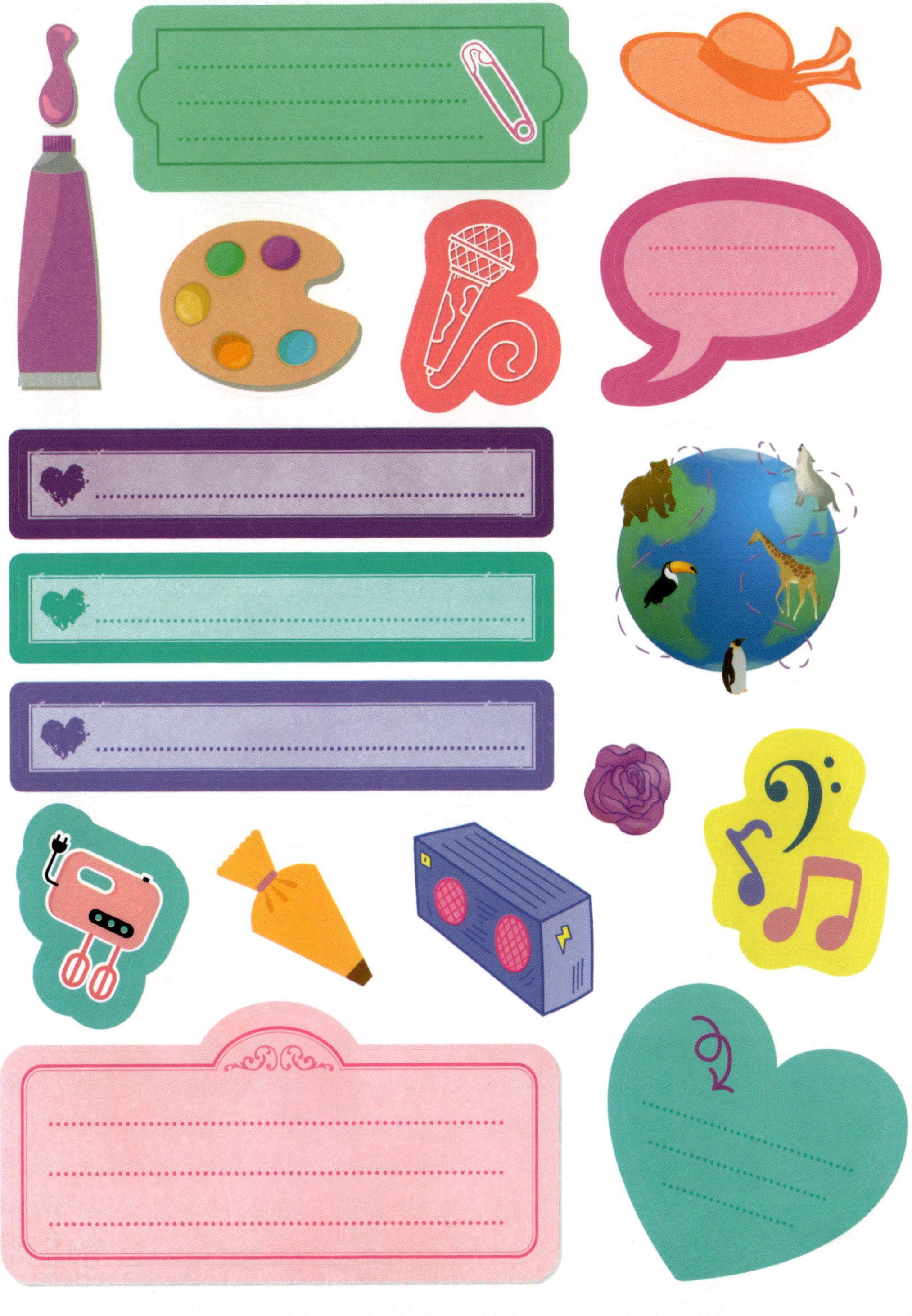

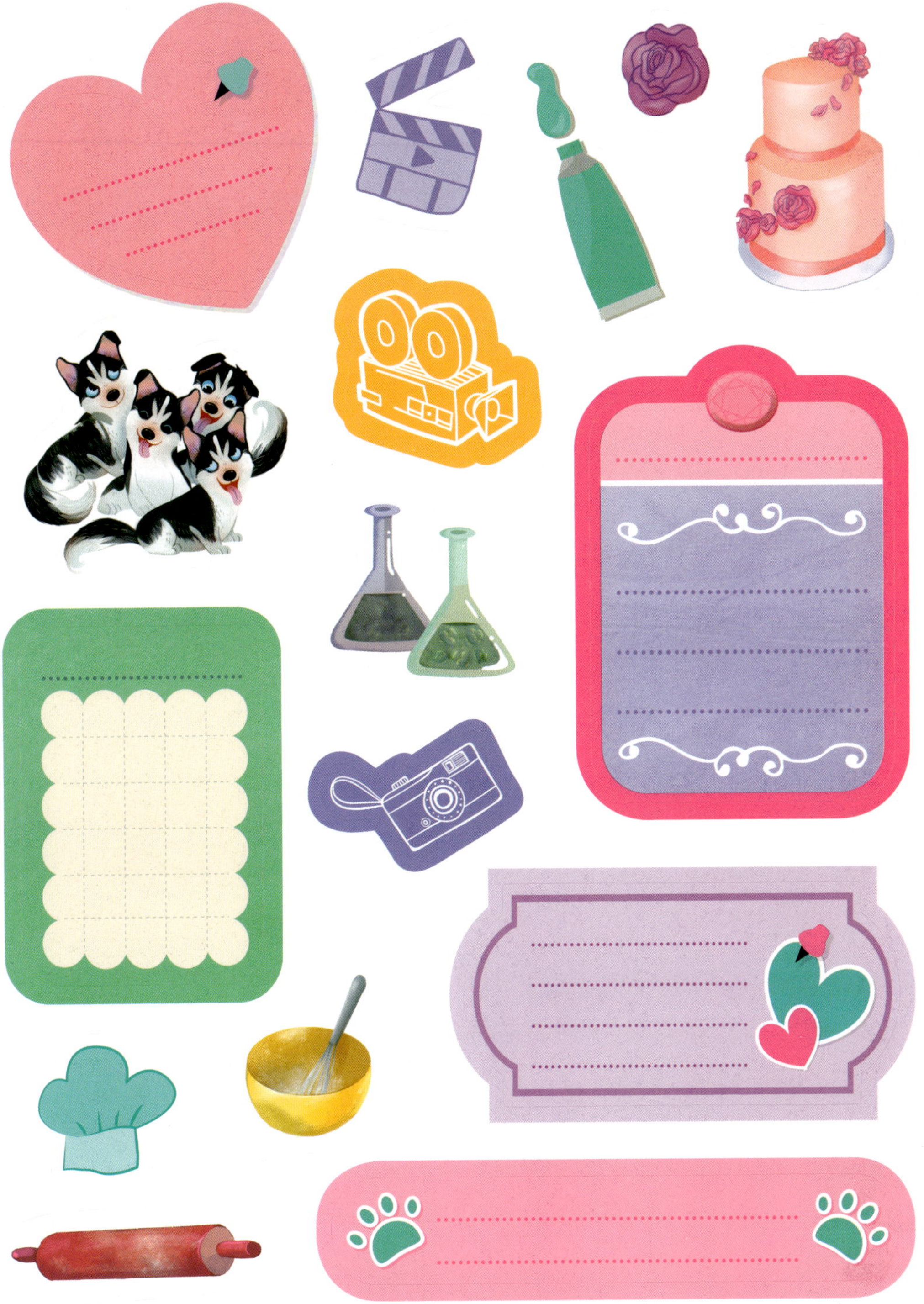